JN411347

하루
협궤열차가 지고 간

하루

협궤열차가 지고 간

한 창 원 시 집

도서출판 다인아트

차 례

1부 협궤열차가 지고 간 하루

2부 어머니

3부 우리의 삶 또한 마찬가지 듯이

4부 잊혀진 듯 살아가자

1부

협궤열차가 지고 간 하루

부스럼

머릿속에 피어난
노오란 고름 꽃이
아이를 눈물짓게 했다.

바닷물 한 줌 퍼다가
어미는 아이의 머리를 슬픔으로 감겼다.

고름 속에 머물던 바닷물은
어미의 눈물이 되어 흐르고
아이의 절규는 단칸방 어둠속으로 숨어 버렸다.

페니실린 한 방울에
아픔을 잃은 그날
어미의 머리에 비녀가 보이지 않았다.

그날 밤
아이는 어미의 품속에서 행복한 꿈을 꾸었다.

가마솥

보리가 익어가는
저녁 끝자락

맑은 물 가득한
빈 가마솥에
하이얀 슬픔의 불을 지핀다

툭툭 튀는 불꽃 속으로
쌀 한 톨 튀어 오르고
연기는 굴뚝을 타고 하늘로 날아오른다

느린 걸음의 봄은
뜨거운 바람을 몰고 오다 멈추고
돈 벌러 간 아비 소식은 문지방을 넘지 못 한다

몇 날을 기다린
허기에 지친 땅거미는
가난한 부엌을 맴돌다 갯벌위에 잠이든다

협궤열차가 지고 간 하루

노을을 이고 여인은 걸었다.
끝이 없는 협궤 열차 길을

깊게 패어진 주름살만큼이나
지친 삶에 기댄 하루는
노을빛에 스며들어 바다에 누었다

땔감을 인 헝클어진 머리카락 사이로
열차는 울부짖고
은빛 억새풀의 속삭임 속으로 가을은 사라졌다.

어둠은 기적소리를 잠들게 하고
여인은 발걸음을 재촉했다.

그날 협궤열차가 지고 간 하루는
무척이나 아름다웠다

크레파스

검정 하양 파랑
크레파스 세개 가지고 미술대회 가던 날
난 다시는 그림을 그리지 않기로 했다

송도 앞바다는
검은색으로 물들었고

나무는 파란색으로

땅은 하얀색으로

그리고 가슴은
세상에서 가장 가난한 색으로 덧칠했다

다 그린 그림을 바닷물에 던지니
송도 유원지 물은 땅속으로 모두 스며들었다.

고개를 들어 하늘을 우러르니
모든 것이 크레파스로 변하였다

그날,
검정 하양 파랑 크레파스는 모래밭에 묻혔다.
어린 내 가슴의 상처도

식모살이

입 덜라고 가야 하는 누나는
어디로 가는 것일까?

옷을 꾸린 보자기 너머
싸리문이 열리고
낯선 아주머니 손에 이끌린 누나는
연거푸 뒤를 돌아보았다.

검은 어둠이 밀려와
문학산 언저리에 그늘은 드리워지고
어미의 퉁퉁 부은 눈에 초승달이 걸려있었다.

몇 날을 기다리던
아기 담쟁이는
담을 넘어 들판으로 날아가려하는데

누나가 떠나간 그날부터
나는 매일 밤을 담쟁이처럼
담을 넘어 가는 꿈을 꾸었다.

비가 몹시 내리던 날
조각 마루에 앉아 빗물을 바라보던 난
비에 지친 모습의 누나를 보았다.

행상 다녀온 엄마는
아무 말 없이 누나를 꼬옥 안았다.

비는 더 거세지고
부엌엔 나무 타는 소리만 틱툭 틱툭 거렸다.

그날 밤 단칸방 내 자리는 누나에게 주었다.

굿

시퍼런 칼날이
아비의 머리 위에서 춤을 추던 날
어미는 연거푸 고개를 아래위로 저어가며
빌고 또 빌었다.

잘못 한 것 하나도 없는 어미는 왜 빌까?

어두운 하늘의 별들은
어제처럼 똑 같은 빛을 내는데
무당 옆에 앉아 있는 아비는
죄인이 되어
힘없이 시선을 땅에 떨구고 있었다.

구경나온 동네 사람들의 수군거림에
굿은 절정에 달아오르고
검은 먹구름은 마당에 누워서 헤아리던
아비별을 삼켜버렸다.

굿판은
희미해져 가는 달빛 속으로
긴 탄식 소리와 함께 잦아들고
고개 숙인 아비의 처절한 눈빛은
어두운 가을밤에 잠이 들었다.

그날 난 과일과 떡을 먹을 수 있어서 좋았다.

구들장

하나 둘 널따란 돌이
어미의 머리위에서 노닐다
단칸방 부엌 옆에 차곡히 쌓여갔다

어미는 저 무거운 돌을 왜 쌓아놓는 것일까?

석산 발포 소리에 놀란 장닭이
홰를 치며 볏 집단으로 날아오르면
떨어진 돌 밑에서 자갈을 줍던 어미는
얇고 널따란 돌을 찾아 분주히 마음을 움직였다.

흑 벽돌의 우리 집을 짓기 시작한 어느 날
쌓여있던 돌이 어디론가 사라졌다.
아이는 돌을 찾아 이곳저곳 보았지만

처음으로 집을 얻어 이사하던 날
아랫목을 따뜻하게 달구어 주던 구들장 너머로 비가 내렸다
어미는 아이에게 팔베개를 해주며 깊은 단잠에 들었다.

정한수

새벽 여인의 간절한 기도 소리에
장독대 항아리들이 잠에서 깨어난다.

어둠을 가르고 찾아온 바람은
하얀 사발에 원을 그리며 시간을 멈추게 한다.

맨드라미 한 송이,
여인의 기도소리에 귀 기울이다
까아만 눈물을 정한수에 떨구고 날아간다.

목 메인 달님과 새벽 별들은 이 정성을 길어 올려
향기로운 영혼으로 하늘에 전달한다.

숨죽이던 새벽은
또 다른 하루를 내려놓고
새벽이슬에 젖은 항아리들은 마지막 기도소리에 눈물 흘린다.

상량식

한 남자는 술이 있어 기쁘고
한 여자는 지붕을 얻을 수 있어 기쁘다.

가을바람에 낙엽 한 잎
돼지 머리 고기위에 내려앉는다.

사발에 가득 찬 막걸리가 바람에 원을 그리며
한 남자의 목젖을 타고 흐느낀다.

마룻대가 지붕에 올려지고
마른 명태의 눈은 먼 산을 바라보며,
나무토막 밑으로 날아오른다.

하늘은 검붉은 어둠이 드리워지고
금세 폭풍우가 한바탕 밀려 올듯하다.

한 남자는 술에 취해 땅만 바라보고 있고
한 여자는 먹구름 가득한 하늘만 원망하듯 바라보고 있다.

마른 나무 가지가 겨울을 재촉하는 찬바람에
몸을 부비 대며 슬픈 노래를 부른다.

한 여자의 패인 주름은 신음 소리를 내며
하늘을 향해 큰 절을 한다.

꽃상여

꽃으로 어여삐 단장을 하고
그는 떠났습니다

그리도 힘들게 했던 세상을 버리고
눈물 한줄기 흘리더니 홀연히 떠났습니다

가슴속에 있던 단단한 병마보다
어린 자식을 두고 떠나야 하는 안타까움에
내 눈을 눈물로 보며
긴 숨을 몰아쉬더니 이내 떠났습니다

뒷담에 돌나물과 앞마당의 앵두나무가
새싹도 나기 전에 바삐 여행을 떠났습니다

통곡소리가 하늘을 울렸고
나는 눈물이 나지 않았습니다

채 녹지 않은 대지는
그를 받아들이지 않으려 애를 쓰고
하늘은 찬바람에 못내 겨워 서럽게 울었습니다

꽃상여는 몇 번을 멈춰 서더니
신작로로 힘겹게 넘어 가고
흑 벽돌 우리 집은 따스한 햇살이 맴돌았습니다

설날

수인선 따라 아비 만나러 가는 날

차가운 겨울바람에 홑치마는 날리고
어미는 자식들을 앞 세워
협궤열차처럼 걷고 또 걸었다.

큰 함지박 속엔
아비 좋아하는 소주 한 병 숨겨서
끔찍이도 속 썩이던 남편 만나러 설레이며 걸었다.

동막 언저리를 타고 온 칼바람은
협궤열차의 기적 속으로 사라지고
슬픈 갯벌은
기다림에 숨죽이며 울음 울었다.

바다가 가까울수록
어미의 걸음은 빨라지고
저 멀리 겨울 소풍을 떠난 흰 눈발이
아비가 되어 어미의 가슴에 내려앉았다.

재회

재개발에 몰려
아비 무덤을 파헤치던 날
어미는 오지 않았다.

형과 나는
어릴 때 아비의 기억을 떠올리며
하나하나 흔적을 찾고 있었다.

노오란 유골에
피 한 방울 흩어지더니
눈물이 시간을 묻어버린다.

부수지 앞바다에
쓸쓸한 가을바람이 서걱인다.

아비의 엷은 미소는
조각이 되어 흩어지고
하늘은 파아란 슬픔을 소리 없이 내뿜었다.

막걸리

김포 대명리 구멍가게
막걸리가 제일 맛있다.

약암 온천을 지나
그리움으로 찾아온 발길 위로
밭일 하시던 어머님의 모습이 영상이 되어 스쳐간다

때만 되면 찾아오는 목마름에
막걸리가 유일한 친구였던 어머니

금방이라도 밭고랑에서 환한 웃음으로
반겨 나오실 것 같다

천병 만병 사드리고 싶지만
한 병만 산다

막걸리 마시러 할머니 산소 가는 날
아이들은 걸쭉한 사랑에 취하고
그리움에 취해서 휘청 거린다

김포 대명리 구멍가게
막걸리가 제일 맛있다

그러나 난 오늘도 한 병만 산다.

보리

밟아야 실하게 자란다 하여
우리는 파아란 새싹을 사정없이 밟았다

때까치

집 뒤 황제 소나무
매년 찾아오던 때까치 한 쌍

동막 갯벌 넘어
문학산 언저리에 봄이 오면
남쪽 나라에서 날아와 부지런히 둥지를 틀었다

어린아이는 친구가 없었다.
어두운 방,
엄마가 일터에서 돌아오기를
하루 종일 기다리던 외로운 아이,
늘 혼자였다

샛방 문틈으로 찾아오는 햇살과
흙과 짚으로 빚은 돌담이 유일한 친구였다.

봄이 왔다
새싹들은 세상 구경하려 고개를 내밀고
아이는 때까치를 기다리며 귀를 기울였다.

때깟 때깟 .
아이가 보고파서
날개 짓을 재촉하며 날아온 어느 봄날
아이는 처음으로 바깥세상이 궁금했다.

집 한 바퀴를 인사 하듯 돌던 새는
마당으로 나오는 아이를 알아보지도 못하고 날아가 버렸다.

새들이 지저귀고
까치들이 마실 와서
몇 차례 전쟁을 치루고, 승리를 만끽할 때
황제 소나무에는 멋진 둥지가 틀어졌다

둥지엔 무엇이 있을까?
아이는 하루 종일 나무에 오르는 꿈을 꿨다

비가 몹시도 내리던 날
때까치 어미들의 우는 소리에 놀란 아이는
황제 소나무 밑 흠뻑 젖은 풀 위에
노오란 솜털의 비에 맞은 아기 새를 볼 수 있었다.

형제들이 미움을 사서 밀려났는지
높은 곳에서 떨어진 아기 새는
빨간 날개를 움찔거리며 안간힘을 썼다

커다란 황제 소나무는
아기 새를 버린 채 뒤 돌아 앉아있고
어미 새들도 아기 새를 잊었는지
연실 둥지에 먹이만을 나르고 있었다.

그날부터 아이는 아기 새의 엄마가 되었다
상자에 구멍을 내서 예쁜 집도 지어주고
배추벌레, 잠자리, 나비 등 곤충들을 찾아 나섰다.

아기 새가 털이 짙어지고
날개를 퍼덕이기 시작한 날부터
이별의 날이 다가오기 시작 했다.

찬바람이 불어오기 시작한 가을 어느 날
아기 새를 위해 논으로 나가 벼메뚜기를 잡던 아이는
남쪽 나라로 떠날 준비를 하며
전기 줄에 모여 앉은 제비무리를 보았다.

아이는 새장을 열어주기로 했다.
아기 새는 힘차게 날개 짓을 하며 황제 소나무로 날아올랐다
아이는 슬픔에 못내 겨워 방으로 들어왔다.

아침이 왔다
때깟 때깟 하는 소리에 밖으로 나가니
아기 새가 날아와 아이의 어깨에 앉았다.

아이와 아기 새는 겨울바람이 늦게 불어오기만을 바랐다
하나 둘 추위에 견디지 못해 철새들은 하늘로 날아오르기 시작했다
아이는 아기 새를 떠나보내기로 했다
아이는 다시 어두운 방이 유일한 친구가 되었다
밖으로 나가고 싶었지만 아기 새를 보내기 위해서 나가지 않았다

바람이 거세졌다
밖에서 때깟 때깟 소리가 들리지 않기 시작 했다.
그래도 아이는 나가지 않았다

아이는 오직 아기 새가 다른 새들과 함께
따뜻한 남쪽 나라로 무사히 날아가기만을 기도했다.

또 다른 봄이 왔다
그리고 황제 소나무엔 여느 해와 마찬가지로
때까치 한 쌍이 둥지를 틀었다.

2부

어머니

하늘이 슬플 때는 땅을 보며 살자

하늘이 슬플 때는
땅을 보며 살자
눈물이 흘러 땅을 파고
작은 내가 될 때까지…
사랑이 가슴에 스칠 때부터
늘 바라보던 슬픈 하늘빛.
하늘이 슬플 때는 땅을 보며 살자.

1996년 1월 6일

1996년 1월 6일
지금도 잊혀 지기를 바라는
오래된 기억
이별이 지나간 자리엔 눈이 내렸다.

당신의
마지막 모습을 지우지 못한 서러움에
겨울은 생의 마지막 피를 토하고
흐를 수 없는 눈물은
슬픔의 문턱에서 통곡하며 서럽게 울었다.

누구도 원하지 않았던
견디기 힘든 겨울은 깊어가고
저 멀리 !
치열한 삶을 치른 바람은
고통도 없이 혼자 밀려왔다.

내가 얻으려 했던 것은
내가 얻어야 했던 것은
쉽지 않게 머무르던 희망은
겨울이라는 길 한 켠에서 생을 버려야 했다.

우리가 함께한 시간은
누구의 원망도 들으려 않는 듯
처절히 멈춰서고
굵은 눈송이들은 빨간 빛을 내며 죽어가고 있었다.

1996년 1월 6일
지금은 잊혀 지기를 바라는
마지막 겨울
시간이 비켜간 자리엔 비가 내렸다.

어머니

어머니!
어머니라는 말만 들어도 눈물이 납니다.

어머님!
가신다는 말 한마디 없이 제 곁을 떠난 지
10년이 지나고도 계절이 몇 번 바뀌었습니다.

옛날 우리 집, 돌나물이 싹이 돋고,
장독대의 앵두나무꽃이 흐트러지게 피는 봄이 왔습니다.
어머님이 계신 그 곳도 봄이 오셨는지요.
어머님은 봄을 유난히도 좋아하셨죠.

어머님! 기억 하시나요
가을이었죠
몇 끼니를 굶은 어린자식들을 위해 허기진 몸을 이끄시고
산에서 도토리를 따다 쪄주시던,
쓴 줄 모르고 먹는 자식들을 보며 눈물 감추시던…
어머님 그때는 왜 그리도 가난했던지요.

어머님 !
어머님은 익모초 쓴물이 만병통치약 이셨죠.
배가 아프시고, 머리가 아프시고, 코피를 많이 흘리실 때도
익모초를 쿡쿡 찧어 마시면 거뜬히 일어나시곤 했는데....

어머니 아시나요.
어머님이 떠나신 후 그 이듬해
어머님을 모신 그 주변에 익모초들이 무성히도 자라있어서,
또 한 번 저를 울리셨던…

어머님!
단 한번 만이라도 뵙고 싶습니다.
스쳐가는 바람이라도 되시어
제 곁에 잠시라도 머물러 줄 수 없는 건가요.
어머님…

어머니 2

내 살아 한 번 효도치 못할 것 같아
가슴이 터질 것 같습니다.
마음은 항상 곁에서 있으나
행동은 저만치 허공을 빙빙 도니
아침부터 해질 때까지
당신 생각에 눈물짓소이다.
몇 년을 하루같이
당신 가시는 발길에 고운 비단 깔아
내 마음을 태우고 싶소이다.
어머니
당신이 지는 해에 가실 길이 있더라도
조금만 뒤로 미루어
눈 감고 긴 잠 주무시고
제가 세상에 깨거들랑 일어나시옵소서.
산에 낙엽이 지고 눈이 내려도
새 봄이 오고 녹음이 짙어져도
당신께 모든 것을 드리겠소이다.
당신이 주신 이 육신을 불태워

겨울 소래포구에서

나를 버리기 위해
갯벌이 드러나 있는
겨울 들판, 그
황폐한 기억을 가로질러
밀려오는 파도의 아픔을 안고 달려왔다.

이제 그리움이라 하기엔
너무 슬픈
짙은 참회의 언덕에 서서
갯벌의 마른 풀잎처럼
기다릴 수 없는
너를 기다린다.

잊기 위한,
잊을 수 없는
내 가슴 속 홀로 이는 격렬한 파도에 지쳐
오늘도 파도와 바다의
길 한 켠에서
너의 모습으로 너를 기다린다.

그리움에 목이 메인 날에도

어둠의 길목에서
오늘도 당신을 기다립니다.

차창밖에 머무는 슬픔의 자욱들은
찬바람에 소스라치고
문득 내 눈에 어리는
당신의 환영에 가슴이 저려옵니다.

어디를 가도
당신은 늘 나를 기다리며 서 있는 것 같습니다.

벌거벗은 채
협궤열차를 타고
느린 걸음이라도
당신에게 달려가고 싶습니다.

내 허영도 집착도 사랑도
모두 팽개치고
이 밤에 그리움에 목이 메어
당신께 달려가고 싶습니다.

홀로 사는 이 세상에

당신이 없는 세상
난 머물 곳이 없소

겨우내 얼었던 대지위에
따스한 햇살이 내려도
나의 영혼은 허공을 떠돌았소

당신 생각밖에 아무것도 느낄 수 없음에
차가운 이별 위에서도
당신을 그릴 수밖에 없었소

세상에 태어나
진정 가슴 하나 머물 곳 없는 삶이라면

평생을
황토 빛 바람처럼 살기로 했소
평생을
흩날리는 풀씨처럼 살기로 했소

슬픈 하늘을 바라 봤소
온통 당신의 얼굴로 뒤범벅이 된 하늘

흩어지는 이별의 잔해 위엔
그리움만 처절하게 흐르고

수많은 사람들
넓은 이 세상
내가 머물 수 있는 곳은

문학산

나 죽어 새가 되리라

아비의 바램은
세상과 이별하고 십 수 년이 지난 뒤에
바람의 날개를 펴서
문학산 기슭으로 날아올랐다

아비를 풀어 주는 어미의 손은 떨리고
오랫동안 참았던 마른 눈물은 새가 되어 날아갔다.

서걱이는 억새풀 사이로 가을은 물들었다

아비는 이제야 떠날 수 있었다

문학산을 맴돌던 아비의 미련은
석수장이로 떠돌던 석산 언저리에 잠시 머물다가
아무 말 없이 바다로 날아갔다.

서해 바다의 짙은 추억으로 물든 노을은
까아만 하루를 거두어 가고
어미는 청년이 된 두 아들 어깨위에서 고이 잠들었다.

아침이 오면

어머니
내가 그리워하는 날엔
내게 오세요

지는 노을이 삭아지면
오시려나 했는데
아침 햇살이 붉어지면
오시려나 했는데

어머니
밝은 햇살이 창가에 스며들며
단잠을 깨워줘도
이젠 내겐 아침이 오지 않아요

아!
진정 올 수 없나요
어떠한 아침도
어떠한 밝음도
영원히 내게 손짓하지 않나요

어머니
내가 보고파 하는 날에는
먼 곳에 계시더라도
내게 오세요

처절히 쓰러져가는
내 모습 위로
한 번만이라도 비춰주세요

어머니
이젠 올 수 없겠지요
내가 몹시 아픈 날에도

꿈

어머니
지난 밤 난 꿈을 꾸었습니다.
긴 악몽 이었습니다

어디론가 멀어지려는 당신을
가장 슬픈 표정으로 바라보는

꽃길도 아니었습니다.
험난한 가시밭길도 아니었습니다.

그러나
아무리 손을 뻗어 가까이 가려해도
당신과 점점 멀어 지고 있었습니다.

당신은 떠나가고 있었습니다.
마지막 몸부림을 쳐서 당신께 다가가려 했지만
당신은 무표정한 모습으로 나를 바라봤습니다.

무서웠습니다.

꿈이었으면 합니다.

지금의 모든 것이 꿈이었으면 합니다.

지중해에서

쪽 빛 바다
지는 태양 속으로
자유인이 되어
넓게 펼쳐진 지중해를 바라 본다

함축된 고통의 덩어리를 가득 안고
달려온 내 영혼은
저녁
지는 하루를 뒤로하고
당신의 보고픔에 울어야하는지

아!
슬픔이 지지 않는
쏘렌토의 이 하루는
하이얀 파도가 되어 산산이 부서지지만

어머니
내가 부를 수 없는 당신은
울먹이던 태양은
황톳빛 어둠에 밀려
바다에 쓰러지고

나는 일어서서
저 태양처럼
어디론가 떠나가야 한다.

어머니 당신이 계신 곳으로

겨울나무가 되어 그대 기다리렵니다

겨울나무가 되어
그대 기다리렵니다.

실오라기 하나 걸치지 않은
벌거숭이 몸으로
모든 집착 다 버리고
그대 오시기만을 기다리렵니다.

수십 년을
한 곳에 서서
아무 표정 없이
바라보는 것만으로 충만했던 그대

매서운 바람이 몸을 때리고
참혹한 그리움에 눈물질지라도
겨울나무가 되어 그대 기다리렵니다.

계절이 바뀌어
또 다른 겨울이 밀어닥치더라도
그대 기다리렵니다.
이 세상 다 하는 날까지

그대는 떠났습니다

그대는 떠났습니다.
낙엽 지던 가을 녘에 차갑게 왔다가
눈 내리는 하얀 겨울에 그대는 떠났습니다.

영원하리라던 나와의 약속은
새벽별 속으로 던져 버리고
퇴색된 단풍 등에 지고
마지막 미소도 남기지 않은 채
지친 발길을 끌며 그대는 떠났습니다.

노을지는 협궤열차 길을 함께 걸으며 한 약속도
비바람 몰아치는 험한 문학산을 넘으며 한 약속도
모두 팽개치고 그대는 떠났습니다.
기쁘게 내게 다가왔다가
상처 깊은 골만 남겨놓고 그대는 떠났습니다.

이제 환하게 짓던 미소도
내 얼굴만 바라보던 행복한 눈빛도
가슴에 재로 남아
더 이상 짙은 향기를 뿌려주지 못하고 그대는 떠났습니다.

언젠가 돌아온다는 미소도 없이
쓸쓸한 발자욱만 남기고
낙엽 지던 가을 녘에 왔다가
하이얀 눈을 밟으며 그대는 떠났습니다

당신께 가는 길

Ⅰ.

어두워도 어둡지 않았습니다
하이얀 눈발이
불빛에 비쳐 반짝이는 미끄러운 언덕길에서
커다란 걸음으로 재촉하다
나뒹굴었지만
기쁨의 웃음을 새벽하늘에 날릴 수 있었습니다

당신은 먼 길을 나섰지만
마음은 내 곁에서 숨 쉬고 있고
당신을 향한 그리움은
정체된 공간 속에서
허우적거리며 더디게 움직입니다

Ⅱ.

겨울
삼한의 가운데쯤인지
매서운 바람에
육신의 존재를 잃었지만
가슴은 한없이 더워옵니다.

당신을 향해 날고 있는 나는
조금이라도 빨리 날고파
두 날개를 힘차게 퍼덕였습니다.

Ⅲ.

차가운 들판이 보입니다
철새들 무리지어 나는 바닷가에는
한껏 고적함을 안겨주고
잠시
쓸쓸함의 여행길로 외도를 해 보았습니다

멀리
앙상한 나뭇가지 위엔
추위에 떨고 있는
비닐 몇 조각이 빨리 오라고 손짓을 하고
나는 당신께 힘찬 보고픔의 걸음을 옮겨놓았습니다

Ⅳ.

당신의 모습이 보이기만 기다립니다
모든 것이 눈에 들어와 내 모습으로 바뀌어가고

아!
기다림이란
당신 모습이 보입니다
언덕 위 하이얀 눈으로 옷 입고
메마른 가지처럼 쓸쓸이 누어있는

내 가슴은 기쁨의 눈물이 흘러 강이 되고
그리움에 얼어붙은 내 육신은
당신에게 한 걸음 다가가 생을 버렸습니다.

겨울바람이 불어옵니다
다시는 돌아올 수 없는 곳으로 겨울바람은 불어갑니다

나의 파랑새여!

1.
따스한 햇살이
기쁨 되어 흘러 퍼지는 날
한 마리 파랑새는
힘찬 날갯짓을 하며
나의 가슴에 날아왔습니다.
파랑새는
장미꽃 몇 송이
수줍어 속삭이는 내 하늘을
악보에 없는 사랑노래로
온통 물들여 놓았습니다.

2.
민들레 노란 꽃이
홀씨 되어 하늘로 날아갑니다.
채 익지 않은 홀로 만의 사랑은
긴 수평선 위를
말없이 걷고 있었습니다.

그대를 향한
가슴 속 사랑을 재워놓고
사랑하지 않는 모습으로
곁에 서 있는 것은 차라리 죽음이었습니다.

3.
파아란 잔디가
맑게 비쳐지는 차 창가에서
오늘도 파랑새가 날아오기만을 기다립니다.
금방이라도
먼 하늘에서 날개를 퍼덕이며
날아올 것 같아 창을 닫지 못합니다.
기다림에 지쳐 눈물이 타고
영혼이 아픈 상처를 입더라도
기다려야합니다
그대가 날아오는 날 까지

4.

한 잎 낙엽이 떨어집니다.
세상 사람들은 외롭다고 난리들이고
내 깃털 위에
네 낙엽이 떨어질까 조심스레 살았습니다.
누군가를 기다렸던 사람들은
눈물을 떨구며 발길을 돌렸지만
나는
가느다란 촛불이 되어
몸뚱이를 잘게 부수면서
그대 오시는 길을 밝혔습니다.

5.

북서풍이 세차게 불어옵니다.
추위에 옷깃을 여미고
하이얀 눈 위에
발자욱을 정성스럽게 새기며
사람들은 하나 둘 떠나갔습니다.

사랑 한 것이
용서 할 수 없는 잘못이었던지
날지 않는 파랑새를
쓰러져 가는 고목이 되어
바라보고 있습니다.

6.
햇살이 따스해 지면 날아오겠지요
그래도
사랑한다며 산다는 것은
지상에서 가장 행복한 것이 아닐까요
오늘도 기다립니다
저 하늘에
그대 모습이

불효

나는 오늘도 학교 끝나고
엄마의 젖을 먹었다

3부

우리의 삶 또한 마찬가지 듯이

하루를 보내며

이젠
마음속에 떨어질 낙엽조차 없다.
흐를 수 있는 눈물은 더욱

겨울.
마른 솔가지처럼
뚝뚝 부러져
생을 훨훨 태워 버리고 싶다.

시간과 공유하며 어둠은 흘러간다

버러지처럼 땅에 들러붙어
치사하게 목숨을 이어가는 나는
글을 쓴다.
이 하루를 터무니없이 보내며

그래도
또 내일은 오겠지.

감기

기침을 한다.
가슴을 토해 내 듯이
열이 오르고
온 몸이 쑤셔 오지만
슬프지 않는 것은
너를 그리워 할 수 있기에

갈두(땅 끝 마을)

땅 끝 마을
차가운 바람도 마지막이라 슬피 울고

누군가
돌아가기 위해 앉았던
슬픔의 자욱은
내 자리가 아님을

더 이상
나아갈 수 없음으로
되돌아서야 하는

내 인생도
되돌아보아야

강

언젠가 건너리라 생각했다.
얼마나 깊을까
어떻게 건널 수 있을까
몇 날을 강가에 서서 깊이를 재고
흐르는 강물에 마음을 던지기도 했다.

강
나의 영혼
내 안에 숨어 있는 단 하나의 마음이여!
가냘픈 바람에 날리어서라도
강을 건너고 싶었다.

저 강 건너편
항상 웃음 짓던 사랑의 꿈

어느 날
비바람 거세게 불어
강은 대지를 삼키고
온 세상은 강으로 변해버렸다.
이젠 강이 없다.
언젠가 건너리라던 강이 없다.

저 강 건너편
항상 웃음 짓던 사랑의 꿈도

해바라기

해를 바라보며 산다.
목을 길게 빼고
아침부터 저녁까지
해가 움직이는 데로
몸을 움직여
오직 해만 바라보고 산다.

너만 바라보고 산다.
마음 문을 꼭 닫고
아침부터
또 다시 찾아오는 아침까지
네 생각이 머무는 곳에
나를 움직여
오직 너만 바라보고 산다.

우리의 삶 또한 마찬가지 듯이

어둠에
흰 갈대가 슬피 운다.

달리는 갈두 행 마지막 버스는
지친 나를 업고
땅 끝을 향해 달려간다.

얼마쯤 가면 될까.

스치는 모든 것은 침묵하고
무겁게 내려앉은 어둠의 새는
사랑을 찾아 날아간다.

가야 한다.
비록 도착하기 위한 종점이 없어
바닷가를 서성이다
한 줌의 눈물을 뿌릴지라도

우리의 삶 또한 마찬가지 듯이

해질 무렵에는 슬픈 하늘을 바라보지 말자

해질 무렵에는 슬픈 하늘을 바라보지 말자.
검붉게 물든 하늘이 가슴에 떨어져
짙은 외로움으로 남을까 두려우니

하루가 가면
하루에 실려
언제나 날개 짓하며 찾아오는
노을의 슬픔

해질 무렵에는 슬픈 하늘을 바라보지 말자.

아픔으로 물든 하늘이
내게 다가와
내 발길을 묶고
내 그리움을 묶고
내 삶을 묶을까 두려우니

민들레 홀씨되어

떠난다
하이얀 날개를 달고
정처 없이 구름을 타고 떠난다

머물 곳은 많은데
머물 자리가 없는
세상에 넓은 이 세상에

산 넘고 물 건너
날다 날다 지쳐
허리가 휘어지더라도

내가 머물 곳을 찾아
바람의 친구가 되어
정처 없이 떠난다

반겨줄 이 없는 공허한 이 허공에

그리움

강이 되리라
온 종일 흘러가는 강이 되리라

눈물 나도록
보고픔에 애끓는 날엔
하늘을 떠도는 구름이 되고

너를 사랑하며
지새운 날들 만큼
너를 향해 달려가는 강이 되리라

강이 되리라
빛나지 않아도 영원한 강이 되리라

그대가
아프도록 그리울 때면
폭포가 되어 소리 내어 울어대고
차가운 외로움에 지칠 때면
철새들 즐겨 찾는 섬을 만드리라

강이 되리라
언제나 한결같은 강이 되리라

아무리 힘들고 어려울지라도
넘쳐흐르지 않게 조심스레 사랑하는
그대를 위한 강이 되리라

그대 그리움의 새가 된다면

너에 대한 그리움으로
목이 마른 하루
수많은 생각으로
바다를 헤집는 목선이 되어
세상 한 구석에 내려 앉는다

바람 소리에
한 점 어둠을 뿌리며
가난한 하루는 부서지고
나는
영혼을 일깨우는
한 마리 새가 되어
접은 날개를 펼쳐본다

사랑하는 이여!
날자꾸나
남들이 버린
높고 푸른 하늘에서
맑고 슬픈 울음 울며
하늘 높이 날자꾸나

날다 지쳐
너를 위해 비워둔
내 가슴 속 빈 들판에서
내 날개가 부러지더라도
날자꾸나
새가 되어
네가 내가 될 수 있는 그 날까지

이 밤이 끝이 없다면

다시는 아침이 오지 않았으면 하오
이 밤이 끝없이 이어지길

모든 것을 삼킬듯한 파도와
별을 불러모아주는 바람과
그리고
너와 나

흐르는 시간을
밤바다에 묶어두고
그대를 바라는 슬픈 눈이 되어
그대만 바라보고 있소

겨울 달은
말없이 달려가고
어둠에 질식한 내 영혼도 달려가고
아!
끝없이 이어지길 바라던
이 밤도 달려가고 있소

다시는 아침이 오지 않았으며 하오
이 밤이 끝없이 이어지길

이름 없는 들꽃이 되어 살련다

하늘이 되어 살련다
땅이 되어 살련다
바람에 흩날리는 구름이 되어 살련다

풀벌레 소리 우짖는 깊은 산 속에서
소리 없이 흘러내리는
아침 이슬을 기다리다
홀로 피어나는 이름 없는 들꽃이 되어 살련다

아침엔 뽀오얀 구름에 안기어
촉촉한 입술을 살포시 내밀며
그리운 님 기다리는 이슬이 되어
하늘을 향해 노래하는 애절한 사랑이 되고

저녁에 지는 노을에 기대어
계곡을 밀고 내려오는 어둠에 묻혀
달과 별의 친구가 되어
땅을 향해 울음 우는 그리움이 되리라.

하늘이 되어 살련다
땅이 되어 살련다
홀로 외로이 피어나는
이름 없는 들꽃이 되어 살련다.

간이역에서

소리 없이 달리던 기차는
텅 빈 플랫포옴에 나를 버리고
어둠 속으로 사라진다.

빈 시간
쓸쓸한 바람만이 서걱이고
한참을 멍하니 선 채
칠흑의 하늘만을 바라본다.

찬바람과 함께
손에 든 기차표는
역을 벗어나야 한다고 외치고
난 갈 곳이 없다.

불 빛 한 줄기
새어들지 않는 간이역
누군가 나를 기다리는 사람은 없을 것이고
내 생 또한
이런 텅 빈 세상을 살아가는 것이 아닐까.

그리워 할 수밖에 없는 사람들
그리워 할 수도 없는 사람들
이 들의 틈새에서
외로움의 웃음을
세상에 토해 내야겠다.

가자.
나를 기다리는 사람이 없을지라도
나의 갈 길을 향해
내가 가야할 길을 향해

표류

아침이 되었어
세상은 또다시 환하게 숨을 쉬고
나도 두 눈을 둥그렇게 뜨고 살아가야 했지

갈 곳이 없어
이곳저곳 기웃거리다
삶을 싣고 간다는 조각배에 올라탔지

도도한 자태로
희망을 부여안고
세상이라는 저 넓은 바다를 향해
기쁘게 노를 저어갔어

누군가 나를 인도하는 자가 없어도
해상의 왕이 된 듯 힘차게 나아갔지

성난 폭풍우가 배의 깃발을 앗아가고
비웃듯 폭풍우가 몰아닥친 급류에도
새벽을 향해 끝없이 항해했지

오직
금 쪽 빛 황홀한 생을 꾸미려
불타는 태양 아래서
번득이는 두 눈으로 거침없이 달려갔지

사람들은 수근 거리며
나의 항해에 대해 비웃었고
자만으로 가득 찬 난
그들을 거들떠보지도 않고
넋을 빼앗긴 채 질주하며 떠들어 댔지

미친놈들
썩어 빠진 감상주의자들

그러던 어느 날
황홀할 만치 아름다운 섬을 발견 했어
환호성을 지르며 미친 듯 기뻐했지만

아!
그 섬은
애타게 찾아 왔던 그 섬은
그 섬을 소유하기 위해
너무 많은 소중한 것들을 잃고 말았고
다시는 소유할 수 없는 삶의 노를 떠나보내야 했지

이젠 시작된 거야
깨닫지 못했던 표류 속에서
내 생이 다시 시작된 거야

내 삶의 어떤 부분이 나를 힘들게 할 지라도

1.
세상에 태어났다
갖출 것 다 갖추고
터무니없지만
순리대로 흘러가려는 세상에

제 역할을
할 수 없는 가슴과
제 역할을
요구하는 육체 속에서

머리는 고통스러워
그늘진 늪 속만을 찾았다.

2.

고개를 들 수 있을 때부터
늘 함께하던 슬픔의 별
의식을 바로 세워
곧게 걸어도 보았지만
심연의 저 먼 곳으로 부터
솟구쳐 타오르는 왜곡된 상념

세월은 가고
몇 겹이나 두텁게 변해가는
아픈 하늘을 보며
내면의 그리움을 찾아 끝없이 허공을 떠 다녔다

3.

내 평생
사랑할 수 있는 가슴 하나 가졌으면
내 평생
이해 할 수 있는 가슴 하나 만났으면

온 날을
싸늘한 이슬이 되어
길 한 모퉁이에서
기다릴 수 없는 현실을 기다렸지만
돌아온 것은
대답 없는 짙은 외로움

아!
세상은 끝이 없고
내가 안고 있는 고통도 끝이 없고
그리움도 끝이 없고
내 삶이 나를 힘들게 하는 부분도 끝이 없어

4부

잊혀진 듯 살아가자

잊혀진 듯 살아가자

잊혀진 듯 살아가자

맑은 날 파아란 하늘에 선명하게
너의 모습 떠오르더라도
지나치는 타인처럼
담담하게 미소 짓고 잊혀진 듯 살아가자.

아침이슬 속에서
또 더러는 해 지는 노을의 가장자리에서
너를 만날 수 있어도
흐르는 강물처럼 잊혀진 듯 살아가자

내 아픔이 짙은 내음을 흘리며
온 강물에 넘친다 해도
슬픈 아픔 헤치며 타오르는 햇살처럼
잊혀진 듯 살아가자.

감기

기침을 한다.
가슴을 토해 내 듯이
열이 오르고
온 몸이 쑤셔 오지만
슬프지 않는 것은
너를 그리워 할 수 있기에

그대 그리움에

기다림보다 만남이 두렵기조차 하다.
가슴 어디에선가
한 바탕 몰아칠
슬픈 나무의 흔들림 때문에
내 영혼은 이슬의 이끼가 되어
그대 가슴에 잠들어 있다.

어느 날 문득,
그리운 생각에 가슴 저려 호흡하기 곤란할 때
한 줄기 차가운 빗물이 되어
그대 머리를 적시고 싶다.

기다림은 영원한 기다림이고 싶다.
만난 후의 쓸쓸함보다는
그리움에 이어진 아름다운 상념 속에서
하늘이 부를 때 함께 할 수 있는
그런 기다림이고 싶다.

기다림

바람과 구름의 길모퉁이에서
오늘도 난 너를 기다린다.

발자욱들의 부딪침
언어의 행렬들

부서지는 오후의 아픈 햇살 속에서
똑같은 모습으로
똑같은 거리를 거닐며
기다림에 눈이 먼 내게 다가온다.

너도 아니고
너도 아니다.
너희들은 모두 다 아니다.

기다림에 지친 시간이
슬피 울며 떠나자고 재촉한다.

아니다.
사랑은 기다림이다.

바람과 구름의 길모퉁이에서
오늘도 난 너를 기다린다.

길

너의 오랜 침묵 속으로
나는 걷고 있었다.

무관심으로 이어진 끝없는 길
가끔은 타인들도 돌아보는 길

너의 모습만 잠시 비춰주오.
아무런 표정 없이, 이 길에 한 번

새

하늘로
비상하는 대로 살기로 했다.

아무런 생각 없는
날개 짓만으로
태어나면서 죽을 때까지
하늘을 날며 살기로 했다.

바람에 날리고
구름에 흘러가도
떠도는 부초처럼
모든 것을 날개에 의존하여 살기로 했다.

시혼

잿빛 구름 위로 날으는 작은 새여
그대는
진리와 꿈을 찾는 영혼의 그림자
오늘도 우린
두 작은 덩굴에 매인
영상의 보리수
파아란 물줄기
하이얀 뭉게구름
청아한 이슬의 들녘에 앉은
움직이지 않는 생의 조각
꺼져가는 골짜기
넌 나를 모른다
넌 나를 모른다
난
싸늘한 언덕에 쓰러져 있는
작은 시혼.

겨울 · 너의 생각

차가운 겨울바람과 함께
떠났던 네가 불현듯 몰려온다.
눈이 오면 생각나리라 했던 네가.

낙엽 한 잎 날리지 않는 거리
어깨를 움츠리고 거리를 나서지만
내 눈 안에 들어오는 모든 것들이
너를 향한 강한 욕구인 줄은.

누구도 내게 줄 수 없는
가슴 가득한 충만이
너의 생각만으로 내게 다가와
추위에 떨고 있는 거리를 감싸준다.

가자!
네가 있는 거리로

너와 나, 그리고 만남

가려진 태양 아래
그늘은 드리워지고
사람들은 하나 둘 모여온다
몇 날을 기다려
한 줄기 비를 얻고
저 메마른 땅 위에 영혼을 그리려한다.

우리는
함께 대화할 수도
노래할 수도
웃을 수도
사랑할 수도 있다.

그리고, 이렇듯 태어나
만남의 고귀한 인연 앞에서
조심스레
파아란 거울을 닦을 수도 있다.

하늘을 떠받들고
땅 위에 서서
산다는 것에 대한 작은 희망은 무엇이었을까.

친구여!
만남이 한 쪽 슬픔에 지나지 않을지언정
푸르른 하늘을 향하여
뜨겁게 내리쬐는 아름다운 햇살이게 하자.

내 안에 있는 또 다른 나에게

어둠의 이끼 사이를 따라
나는 당신을 만나러 이슬방울처럼
세상에 나왔습니다.

새들 새끼치고 들국화 하늘거리는
청아한 산과 들 속에서
나는 당신을 기다리며 긴 날을 새웠습니다.

기다림
누구인지 목소리를 기억할 수 있음은
하늘의 별을 보며 슬픔을 느끼던
날부터 시작되었습니다.

어느 날
아무런 소리 없이 바람의 친구가 되어
당신은 내 곁에 서 있었습니다.
그저 지나치는 타인들처럼
무심코 지나친 나였지만

지금 아무 것도 생각할 수 없음은
그대 모습이 내 온 가슴을
차지하고 있기 때문입니다.

산촌I

나 하나 돌이 되어
깊은 산 산새들이 지저귀는 곳에
살겠소.

얼어붙은 대지에
햇살 녹아 흐르면
바람의 벗이 되어 하늘을 날겠소.

환희에 찬 손아귀로
밭 일구고 씨 뿌리며
병아리 몇 마리 뜰에 사다놓고
구구 먹이 주며
한 날을 지내겠소.

감자 밭 옥수수 밭에는
파아란 새싹 피어나겠고

먼 산 아지랑이 나풀거릴 때
뻐꾸기 울음소리 즐겨 들으며
땅을 이름으로
한 폭 그림을 그려 넣겠소.

산촌II

나 한 줌 흙이 되어
깊은 산 문명 없는 골짜기에
서 있겠소.

이 골 저 골 찾아들며
바구니에 송이버섯 따고
더덕이랑 도라지랑 가득 캐겠소.

수박 참외 익는 내음에
지나가는 나그네 발길 멈추겠고
삶의 멋을 땅에서 찾고 있겠소.

산새들 지저귀며
온 동산에 토끼 노루 뛰어놀고
이슥한 저녁이면
소 몰고 골짜기 나와
나의 보금자리를 찾겠소.

멀리서 강아지 반기러 오면 좋겠고
산을 이름으로
한 장의 시를 그리겠소.

산촌III

나 한 점 구름 되어
머루랑 다래랑 익는 산골에
서 있겠소.

옥수수 따고 고구마 캐며
훠이 훠이
조 따는 참새 쫓으며
한 날을 지내겠소.

온 산은 붉게 물들겠고
밤나무 밑에선
다람쥐 즐겁게 뛰어 놀겠소.

암탉들 병아리 몰고 있겠고
아득한 어둠이 밀려오면
산비둘기 몰려들고
양떼들 내 집 찾겠소.

밤을 헤집는 부엉이 소리 들리면 더욱 좋겠고
아물거리는 호롱불 밑에서
귀뚜리와 밤새도록 얘기하겠소.

산촌IV

나 한 마리 새가 되어
눈 덮인 산 속에서
울고 있겠소.

솔가지 한 지게 등에 지고
눈 속을 헤치며 길을 찾아
사랑방에 군불 지피겠소.

오미자 줄기 뚝뚝 꺾고
칡 몇 뿌리 캐어다가
화롯불 약 단지에 부글부글 끓이겠소.

친구가 찾아오고
따스한 차 한 잔에 세상을 녹이며
옛 이야기 해야 되겠소.

머리는 하이얗게 새어 있겠고
인생 또한 몇 줄로 쓸 수 있을 때
그 겨울을 글로써 보내겠소.

순수하고 깨끗한 삶의 글 말이오

내가 아닌 나에게

네가 호흡하기에
나는 살아있다.

너의 숨소리로 인해
나의 호흡은 따뜻하게 너에게로 가고

나는 네가 되어
익숙한 표정으로 숨을 쉬고 있다.

너의 살아 있음은
나의 살아있음을 확인하는
유일한 믿음이 되어

별이 자리를 튼 이 밤에도
네가 호흡하기에 나는 살아 있다.

그래도 이것뿐인 것을

그래도 이것뿐인 것을.

텅 빈 손
텅 빈 머리
나풀거리는 거리의 언어들.

줄 것은 없고
받을 것 또한 없으나
그래도 이것뿐인 것을.

너의 가는 길
길목마다
아름다운 꽃잎 피어나길 바라며
그래도 이것뿐인 것을

경포의 밤

어둠은 짙은 향기를 뿌리며
파도에 누워 있다.

아련히 스며드는 불빛 속으로
내 입술은 마지막 잔을 들었다.

경포의 겨울밤은
흰 폭설에 잠들어 있다.

난 이 밤을 깨우러 온
이방의 무법자.

술잔에 기댄 채
파도를 안고
외로움에 지쳐
기쁨인지도 모를 슬픔에 잠긴다.

마지막 음악인 듯한
무명가수의 통기타 소리가
파도에 멍든 여린 가슴을
울음 울게 한다.

용유도 가는 길

외로이 홀로선 등대
바다에 지쳐 희미해지고
파도의 향기에 취한 바위섬엔
갈매기 한 마리만 외로이 떠돈다.

쓸쓸한 백사장
적조한 바람만이 나 뒹구는 섬

몇 번이고
너와 함께 가리라던
나 혼자만의 희망을 모래톱에 남긴 채

그리움을 향해 달려오던
뱃고동 소리는
연육교의 화사한 불빛이 되어 사라진다.

지워진 기억, 지친 세월
바람도 머물지 못하는
주인 잃은 폐선만이 지키는 슬픈 바다

뱃머리에 있던
수많은 사연들은
추억의 책장이 되어 세월 속으로 묻혀버렸다.

깊은 바다에 던져버리라던
너에 대한 생각은
어느새 그리움으로 퇴색되고

지는 해, 지친 노을 속에
추억의 배를 기다리는 사람들만이 하나둘 모여 든다.

청평 그날밤의 꿈

사람들은 모두 자기의 꿈을 꾸며 삽니다.
나이와 상관없이
미래의 화려한 꿈을
가끔은 꾸던 꿈에 빠져 허우적 거리기도하고
가끔은 꿈을 잊고 다른 길을 헤매기도 합니다.

지난밤의 꿈은 그 꿈이 아니었지만
악몽이었습니다.
누군가에게 떠밀려 깊은 수렁에 빠져서
한 발자욱도 디딜 수 없는 그런 꿈이요

그 누군가도 꿨을 꿈이었지만
새벽이 지나 아침이 되어도
내 발은 한걸음도 움직일 수 없었습니다

아침 청평호의 물안개는 물속에 빠져서
어젯밤의 어둠에서 헤어 나오지 못하고
아침 이슬도
아침에 떠오르는 태양도
모두 어젯밤의 칠흑의 어둠에 잠식당하고 있었습니다.

잊는다는 것 보다 더 쉬운 게 없듯이
하이얀 햇살은 보란 듯이 빛을 발산하고 하늘로 날아가고 있었습니다.

또 다른 하루가 열렸습니다.
또 다른 꿈을 꾸며 살아야겠지요
어떤 꿈을 꿀까
어젯밤에 이루지 못한 꿈을 뒤로 하고
새로운 꿈을 꾸어야겠지요.

희망이라고 불리우는 화려하고 아름다운 꿈이요

나는 너의 친구가 되고 싶소

나는 너의 친구가 되고 싶소
싸늘한 바람 불어오는 날
가벼운 웃음으로 함께 있어 줄 수 있는
나는 너의 친구가 되고 싶소.

어둠에 지친 거리를
생각 없이 함께 거닐 수 있는
나는 너의 친구가 되고 싶소.

슬픈 바람에 울음 우는 나뭇가지처럼
당신 곁에 바람처럼 머무는
끝없는 의미가 되고 싶소

나는 너의 무엇이 되고 싶소
어느 날 내가 나를 잊었을 때
나를 찾을 수 있는 네가 있음으로 인해
나를 찾을 수 있는 그런 친구가 되고 싶소.

작가의 말

어렸을 때였지요.

유난히도 추운 설날 아버지 산소를 가기위해 황량한 협궤열차 길을 칼바람을 맞으면서 걷던 생각이 불현듯 떠오릅니다. 참으로 추웠던 기억이 납니다.

홑치마에 변변한 옷을 걸치지도 못하고 그 길을 걸으셨던 어머니 얼마나 추우셨을까요. 주마등처럼 스쳐가는 많은 일들을 생각하니 가슴이 저며옵니다.

어느 날 검둥이와 같이 어머니 마중을 가게 되었습니다.

여느 때면 협궤열차 길을 가기 전에 만났어야 하는데 그날은 열차 길을 걸어도 오시지 않았습니다.

얼마쯤 걸었을까. 서녘의 노을이 어둠을 몰고 오고, 협궤열차가 무거운 짐을 진 힘든 목소리로 뿌연 연기를 뿌리며 지나간 뒤편에 땔감을 이고 오시는 어머님의 모습이 눈에 들어왔습니다.

헝클어진 흰 머리카락으로 시야를 가린, 선명하게 떠오르는 그 모습, 지금도 느껴질 듯 한 어머님의 그 향기로운 땀내음….

어릴 땐 저에겐 어머님이 처음이자 끝이었습니다.

지금 돌이켜 보면 어머니와의 추억은 수채화 같은 아름다운 슬픔이 묻어있습니다.

글을 쓰면서 저편에서 달려오는 가난이라는 오래된 상처

가 너무 많이 붙어 있지 않았나 하는 우려도 하였지만, 그 또한 어린 시절의 애틋한 기억이라 충분히 승화할 수 있다고 혼자만의 생각을 해보았습니다.

오랜만에 시집을 들고 세상 밖으로 나왔습니다.

세련되지 않은 시구와 미완성된 듯한 언어의 행렬들, 지난 시집에 수록된 내가 좋아하는 시와 최근 어머님을 그리워하며 시간을 내었던 글들을 가지고 부족하지만 용기를 내어봤습니다.

오랫동안 쌓여있던 지나온 일들을 하나 둘씩 끄집어내어 힘들게 펜을 옮기기도 했습니다.

그러나 슬픔은 슬픔만이 아니었습니다.

글을 쓰면서 슬픔이 어머니와의 깊은 행복으로 다가올 때는 펜을 놓고 오래전 어린 시절로 돌아가기도 했습니다.

이제 숙제를 끝낸 것 같습니다.

어머니에 대한 오랫동안 정리하지 못한 것들이 가슴 깊은 곳에서 하나 둘씩 생겨나와 작은 소망으로 피어올랐습니다.

아직 못 다한 기억들이 있다면 가슴 어디엔가 소중히 간직해 놓고 조금씩 꺼내 보려합니다.

그리고 행복한 세상으로 가는 길을 위하여 열심히 달려갈 것입니다.

글을 마치려니 고마운 사람들이 정말 많이 있습니다.

책 표지를 위하여 한 번도 타보지 못한 협궤열차를 열심히 그려준 제 아내와, 아비 노릇만큼은 정말 잘해보려고 했는데, 바쁘다는 핑계로 자주 함께하지 못하고 있는 시훈, 승훈이에게 미안한 마음을 전하고, 어린 시절 나보다 더 어려운길을 걸을 수밖에 없었던 누나와 형, 또한 늘 저와 함께 해주는 다정한 친구와 선후배 여러분들, 내 집이나 마찬가지인 향진원 식구들, 탁구협회와 사회복지협의회 가족들 그리고 짧은 시간에 책을 만들어 준 다인아트 윤미경 사장에게 감사의 마음을 전합니다.

마지막으로 오늘 이 자리에 설수 있게 저를 친자식처럼 따뜻한 가슴으로 인도해주시는 회장님 내외분과 기호일보의 모든 가족들에게 이글을 바치렵니다.

그리고,

어머님! 지금도 당신을 사랑합니다.

협궤열차가 지고 간 하루

초판 1쇄 / 2013. 7. 18

지은이 / 한창원
펴낸이 / 윤미경
펴낸곳 / 도서출판 다인아트
출판등록 1996년 3월 8일 제87호
인천광역시 남동구 구월3동 1096-19 3F
tel. 032+431+0268 / fax. 032+431+0269
e-mail. dainart@korea.com

인쇄 / 새한문화사
제본 / 과성제책

값 / 8,000원
ISBN 978-89-6750-011-5